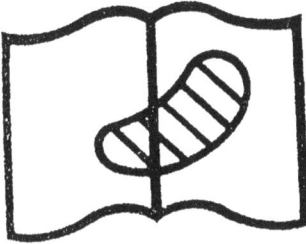

Couverture inférieure manquante

Original en couleur

NF Z 43-120-8

L'ENSEIGNEMENT SECONDAIRE

A GRENOBLE

AVANT LA CRÉATION DU COLLÈGE DES DOMINICAINS

(1340-1606)

PAR

A. PRUDHOMME

Archiviste de l'Isère

GRENOBLE

IMPRIMERIE ALLIER FRÈRES

26, Cours Saint-André, 26

—

1901

(8)

L'ENSEIGNEMENT SECONDAIRE

A GRENOBLE

AVANT LA CRÉATION DU COLLÈGE DES DOMINICAINS

Extrait du *Bulletin de l'Académie delphinale*, 4me série, t. XIV.

L'ENSEIGNEMENT SECONDAIRE

A GRENOBLE

AVANT LA CRÉATION DU COLLÈGE DES DOMINICAINS

(1340-1606)

PAR

A. PRUDHOMME

Archiviste de l'Isère

———— ⊰⊱ ————

GRENOBLE

IMPRIMERIE ALLIER FRÈRES

26, Cours Saint-André, 26

—

1901

L'ENSEIGNEMENT SECONDAIRE

A GRENOBLE

AVANT LA CRÉATION DU COLLÈGE DES DOMINICAINS

(1340-1606)

L'HISTOIRE de l'enseignement secondaire à Grenoble, du moyen âge à la Révolution, comprend trois grandes périodes correspondant à trois régimes scolaires différents.

La première période, dont il est difficile de tracer de façon précise les limites chronologiques, est celle de l'école épiscopale ou canoniale, fondée à l'ombre de l'évêché et du chapitre Notre-Dame, en exécution des canons des conciles, qui réservaient dans chaque église cathédrale une prébende pour un chanoine, chargé, sous le nom d'écolâtre ou capiscol, d'enseigner aux jeunes clercs et à quelques écoliers laïques les éléments de la grammaire, de la rhétorique et de la dialectique. Cette école exista très certainement à Grenoble[1], comme dans les autres villes épiscopales du Dauphiné ; mais aucun document ne nous éclaire sur son histoire et son fonctionnement.

La seconde période est celle de la Grande École communale, qui fera l'objet de cette étude. Elle commence au xive siècle pour finir au seuil du xviie.

La troisième est celle du collège : elle se subdivise en quatre sections correspondant aux quatre directions auxquelles ce collège fut successivement soumis : Dominicains, Jésuites, prêtres séculiers, Joséphistes.

Il n'entre pas dans mon dessein de traiter aujourd'hui les trois parties de ce programme. Mon but, plus modeste, serait d'en écrire un chapitre seulement et, puisque les documents nous manquent pour parler avec compétence de l'ancienne école du chapitre Notre-Dame, d'exposer brièvement ce que fut l'école municipale de Grenoble, la Grande École, comme on l'appelait, avant sa transformation en collège sous la direction des Dominicains, puis des Jésuites.

---

[1] Les cartulaires de Saint-Hugues nous ont conservé le nom du chanoine Autboldus, qui, en mai 902, souscrivait un acte avec cette qualification « Autboldus caput scole ». Dans un autre acte, daté de 1124, figure comme témoin « Ademarus chabiscolus Sancti-Donati ». Enfin, dans un état des bénéfices du diocèse de Grenoble dressé au xive siècle, figure, à côté de l'évêque et du doyen, le « cabiscolus ». A ces trois mentions se réduit tout ce que nous savons de l'école épiscopale de Grenoble. Le Pouillé de 1497 ne cite même pas son nom. (Marion, *Cartul. de l'Église de Grenoble*, pp. 17, 235 et 271.)

I.

Et d'abord, à quelle époque remonte cette école? La plus ancienne mention que nous en trouvions dans les actes des archives municipales nous reporte à l'année 1340 [1]. A cette date elle était installée dans la maison de la confrérie de Saint-Laurent, laquelle était située très probablement dans la rue du même nom, berceau du vieux Grenoble. On peut admettre qu'elle existait antérieuremeht, mais peut-être sous la forme plus modeste d'une petite école. L'année 1340 est, en effet, une date importante dans l'histoire du Dauphiné. C'est celle de la création des grandes institutions administratives et judiciaires, qui devaient faire la fortune de Grenoble et assurer sa prépondérance sur les autres villes de la province. L'année précédente, le dauphin Humbert II l'avait dotée d'une université, ce fleuron de toute capitale. Grenoble devint alors ce qu'il devait rester jusqu'à la fin de l'ancien régime, une ville de magistrats, de fonctionnaires, d'avocats, de procureurs, de légistes, à laquelle une forte école secondaire était indispensable, tandis que précédemment peut-être une simple école primaire pouvait paraître suffisante aux Grenoblois du XIIIe siècle, moins favorisés par leurs maîtres.

Quoi qu'il en soit, l'école existe en 1340 ; elle s'appelle « école de grammaire » ; elle est à la charge de la ville

---

[1] Cette mention se trouvait dans un compte de la ville de Grenoble, de 1336 à 1340, fréquemment cité par J.-J.-A. Pilot et qui, depuis lors, a disparu. Cf. *Bull. de la Soc. de Statistique de l'Isère*, 2e série, t. IV, p. 57.

qui paye le loyer de la maison où elle est installée et qui
fait les frais du mobilier scolaire [1]. Un demi-siècle plus
tard (les documents sont rares pour cette première période), la maison d'école est désignée sous le nom de
« domus studiorum generalium [2] » et cette seule appel-
lation nous permet d'induire que le programme de l'enseignement, qui y était donné, s'étendait à toutes les
connaissances résumées alors sous le nom d'humanités
ou de facultés des arts, c'est-à-dire à la grammaire, la
rhétorique, la poétique et la philosophie. Au commencement du xvᵉ siècle, en installant de nouveaux maîtres,
le Conseil consulaire exprime le vœu « quod dicti magistri infantes dictorum civium bonis moribus instruan-
tur » : l'éducation morale n'y était donc pas négligée [3].

Franchissons encore un demi-siècle et nous trouvons,
en 1447, dans une revision de feux [4], le personnel de

[1] Dans une notice sur les écoles de Grenoble qui devait faire
suite à son *Histoire municipale*, J.-J.-A. Pilot a rapporté les
articles du compte de 1340 relatifs à la location de l'école et à l'achat
du mobilier. J'en reproduis ici le texte corrigé par M. l'abbé
Devaux, dans son *Essai sur la langue vulgaire du Dauphiné sep-
tentrional au moyen âge*. Paris et Lyon, 1892, in-8°, pp. 61-62.
« Item, per lo loyer de les écoles de la gramatica qui sunt en la
mayson de la confrari de Seynt-Lorenz, de l'an dessus dit, V florins ; item payé per los bancs de les écoles de la grammai per
VII grosses postz de jaugi, chacuna de II teyses, X s. VIII d. ;
item per plots acheta per fare los pies dels bancz, III sols ; item
per IIII chapus per fare los dyts bancz, XVI s. Et commen-
seront lesdites écoles a fare el devant dit lue lo lundz devant
la Tossaynz corrant MCCCXL » Il semble bien résulter de cette
dernière mention que cette école était une nouvelle création.
[2] Arch. de Grenoble, CC. 575. Comptes de 1389-1392.
[3] *Ibid.* CC. 577. Comptes de 1412. *Inventaire des Arch. hist. de
Grenoble*, t. II, p. 81.
[4] Arch. de l'Isère, B. 2742, fol. 22 vᵒ.

l'école classé parmi les privilégiés, qui étaient exempts des charges communales. Ce personnel comprenait deux maîtres, un recteur et un bachelier pour les garçons et une maîtresse pour les filles, « magistra puellarum ». Cette dernière mention, relative à l'école des filles, est la seule que j'aie rencontrée dans les délibérations et les comptes de la municipalité de Grenoble. Elle n'en est pas moins importante à retenir, parce qu'elle constate, dès le milieu du xv° siècle, dans la capitale du Dauphiné l'existence d'un établissement d'éducation pour les jeunes filles et qu'elle permet de croire que cet établissement ne fut pas, à cette époque, un fait exceptionnel et unique. S'il n'a pas laissé de traces dans les archives de la ville, c'est qu'il n'était ni dirigé ni subventionné par elle.

A dater de la fin du xv° siècle, les renseignements que nous fournissent ces archives sont assez abondants pour nous permettre de tracer un tableau à la fois exact et complet de l'enseignement secondaire à Grenoble de Louis XII à Henri IV.

II.

Ce qui caractérise cet enseignement et le différencie à la fois de celui qu'il remplace et de celui qui lui succédera, c'est qu'il est laïque et municipal. Laïque, car, à de très rares exceptions près, le personnel scolaire de Grenoble, du xv° au xvii° siècle, n'est plus choisi parmi les membres du clergé. Les recteurs et les régents des écoles sont des laïques. D'autre part, ce n'est plus l'évêché ou le chapitre Notre-Dame qui ont la haute direction de l'enseignement ; ce sont les consuls et le conseil communal. C'est la ville qui fournit les locaux scolaires et qui loge et paie les instituteurs ; c'est elle qui se préoccupe, nous verrons avec quel zèle, de rechercher des maîtres instruits et qui les nomme, après avoir fait éprouver leur capacité par des commissaires institués par elle ; c'est elle encore qui, après les avoir installés, surveille leur conduite tant au point de vue des études que de la moralité et, suivant la gravité du cas, les admoneste ou les destitue. Et de même c'est elle qui défend leurs privilèges et leur monopole contre la concurrence de l'enseignement libre et incline sa bienveillance jusqu'à s'intéresser aux jeux des écoliers ; enfin c'est elle qui rédige ou fait rédiger, sous son inspiration, les règlements scolaires qui fixent les programmes et la marche des études, sauf à en demander la ratification au Parlement, souverain arbitre de toutes les institutions du Dauphiné.

Ce n'est pas à dire que cette prérogative des autorités communales en matière d'enseignement n'ait jamais été contestée. Ni le Parlement, ni l'Évêque, ni le chapitre Notre-Dame n'entendaient se désintéresser des questions scolaires ; mais, grâce à l'esprit conciliateur de nos consuls, les conflits n'étaient jamais ni bien vifs, ni bien durables. Parfois le Parlement se faisait l'interprète des doléances des familles au sujet de l'insuffisance d'un maître et proposait, pour le remplacer, un candidat qui était respectueusement accepté [1]. En 1528, l'Évêque faisait traduire devant son official un recteur des écoles, le faisait condamner à la prison et lui interdisait d'enseigner la grammaire et la théologie. Les consuls s'inclinaient devant la sentence de l'official et exigeaient la démission du coupable [2].

[1] Arch. de Grenoble, BB. 7. Délib. du 11 février 1522.
[2] *Ibid.*, BB. 9. *Inventaire*, t. I, p. 22.

Quant au chapitre Notre-Dame, un règlement municipal de 1488[1] définissait ainsi ses droits en matière scolaire : lorsqu'un nouveau maître d'école avait été choisi
par les consuls et reconnu par eux « sufficiens et
ydoneus ad scolas regendum », il devait, avant d'être
installé, être présenté au doyen du chapitre, mais celui-ci
n'avait pas le droit de le récuser. Or, en octobre 1521, un
nouveau recteur, nommé M⁰ Blancherose, avait été
nommé par les consuls après les épreuves d'usage. Quand
il fut présenté à Philippe Terrail, doyen du chapitre
Notre-Dame, celui-ci protesta contre cette nomination,
faite, disait-il, au mépris de ses droits. Les consuls
auraient pu discuter, invoquer les anciens usages cons-
tatés par le règlement de 1488, mais Philippe Terrail
était le frère de Bayart, alors lieutenant général du Dauphiné et présent à Grenoble. Il eût été impolitique d'en-
trer en conflit avec un personnage si bien apparenté. On
transigea. Les consuls présentèrent un nouveau candidat
qui fut immédiatement agréé[2].

A ces incidents sans gravité se réduit tout ce que nous
ont révélé les actes de ce temps sur les restrictions op-
posées aux prérogatives des autorités communales en matière d'enseignement.

[1] Arch. de Grenoble, FF. 5. (Règlement du 28 décembre 1489,
1488 n. st.). — Item statuitur..... quod quocienscunque ad predic-
tam civitatem venerint aliqui magistri scolarum aut aliquis qui sit
sufficiens et ydoneus ad scolas regendum, quod ubi talis fuerit per
consules dicte civitatis venerabili viro domino decano ecclesie
cathedralis B. M. Gratianopolis presentatus tanquam ydoneus,
quod illum sic presentatum non possit vel valeat dictus dominus
decanus reffutare ad regimen dictarum scolarum. »

[2] Ibid., BB. 7. Inventaire, t. I, p. 16.

III.

Il est juste d'expliquer que ces prérogatives le Conseil consulaire les exerçait à la satisfaction de tous. Ses registres de délibérations fournissent presque à chaque page des preuves de sa sollicitude pour les écoles et de sa vigilance sur les maîtres : réprimandes aux recteurs qui n'apportent pas assez de zèle à l'instruction des enfants, enquêtes sur la tenue des écoles, rédaction de règlements scolaires et création de commissions chargées d'en surveiller l'exécution en visitant les classes au moins une fois par semaine ; il ne négligeait rien de ce qui pouvait contribuer à la prospérité de l'école et aux succès des élèves[1].

Ajoutons que ces prérogatives étaient, en somme, peu enviables. Si c'était un honneur de nommer les maîtres de l'école, c'était chose difficile et délicate de s'en procurer, et, quand on les avait trouvés, de les garder. Aucun personnel ne fut jamais plus mobile. De 1503 à 1606, j'ai relevé les noms de trente-neuf recteurs et je suis presque sûr d'en avoir oublié. Or, sur ces trente-cinq chefs de l'école communale, trois seulement sont restés à leur poste plus de cinq ans. Ce sont : Guillaume Droyn, qui enseignait de 1528 à 1536 ; Pierre des Govets, de 1575 à 1586, et Jean Serret, de 1592 à 1606. A eux seuls ces trois personnages occupèrent la chaire recto-

---

[1] Voyez notamment BB. 4. Délib. du 16 février 1516 ; BB. 7, BB. 12. Délib. du 20 février 1540 ; BB. 13. Délib. du 24 novembre 1542 : Pierre Buchichert, Girard Servient et Pierre Aréoud, médecin, sont nommés surintendants des écoles ; BB. 15. Délib. du 13 octobre 1553 : une commission est nommée pour visiter l'école chaque semaine ; BB. 24, etc.

rale pendant trente-trois ans ; chacun des trente-deux autres recteurs n'y resta donc, en moyenne, qu'environ deux ans. En fait, un assez grand nombre n'y passait qu'une année scolaire et quelques-uns seulement deux ou trois mois. Le personnel des régents ou bacheliers était encore moins fixe. Aussi le Conseil consulaire était-il constamment en quête. Ses agents parcouraient les villes du Dauphiné et des provinces voisines, à la recherche d'un maître qui consentît à venir à Grenoble. En 1522[1], ils négocient avec le directeur de l'école de Sisteron ; en 1532[2], avec celui d'Avignon ; en 1539, avec celui de Romans[3]. Ils enlèvent, en 1523[4], à Embrun, le recteur Pancrace Pascal et, en 1537[5], Adam Prunet, à Crest. Tous les amis de la ville sont sollicités de l'aider dans ses recherches et, quand on ne trouve rien dans la région, on s'adresse à Paris[6], ce centre des études, cette patrie des humanistes.

En 1554, M⁰ Marmousin, recteur des écoles de Grenoble, est envoyé à Paris pour y chercher un régent de philosophie « scavant gradué et expérimenté[7] ». Il s'y rencontre avec le premier consul qui y avait été aussi député pour les affaires de la ville, et tous deux se mettent en quête. Le 24 octobre, ils écrivaient aux consuls de Grenoble pour leur faire part du résultat de leurs re-

---

[1] Arch. de Grenoble, BB. 7. Délib. du 24 janvier. *Inventaire*, t. I, p. 16.

[2] *Ibid.*, CC. 617. *Inventaire*, t. II, p. 98.

[3] *Ibid.*, BB. 12 et CC. 633. *Inventaire*, t. I, p. 34, et t. II, p. 105.

[4] *Ibid.*, CC. 615.

[5] *Ibid.*, BB. 11. *Inventaire*, p. 31.

[6] *Ibid.*, CC. 612. En 1520, on envoyait un messager à Paris pour chercher un « magister suffisant ».

[7] *Ibid.*, BB. 15. *Inventaire*, t. I, p. 46. Délib. du 11 septembre.

cherches : « Messieurs, despuis l'arrivée en ceste ville de
M⁰ Marmuson, nous avons plusieurs fois, luy et moy,
parlé du faict de nos escolles de Grenoble, et ayant en-
tendu de luy que vous voullés un homme pour gouver-
neur d'icelles, bon philosophe, grec et humaniste, me
semble que ces qualités difficilement se recouvreront
subject qui veulhe laisser ceste ville pour aller tant loin
aux gaiges de cent livres, que vous avés par ci-devant
donnés, joinct aussi qu'il seroit grande et insupportable
poyne à ung seul de faire tous les jours aux moings une
lecture en chascune des susdictes sciences, ce qui est re-
quis de faire pour le proffict des auditeurs ; par quoy
ledit sieur Marmuson et moy avons, ce matin, treuvé
bon de vous escripre comment il a deux hommes en mayn :
l'ung bon philosophe, qui est à Rheins, où il achève le
second cours qu'il a faict en philosophie au collège fondé
par M. le Cardinal de Lorreyne ; l'autre, scavant en grec
et aux sciences humaynes, tous deux de bon volloir de
bien exéquuter telle charge, pourveu qu'on les salarie
condignement. Je cuyde que deux cens livres feront le
tout, avec quelque somme pour leur voyage... Quant à
moy, s'ils sont telz que l'on les m'a califiez, je suis d'opinion... que l'on s'avance de quelque somme pour acquérir
à nostre jeunesse le vray héritaige, qui est le scavoir[1]. »

Le Conseil consulaire de Grenoble n'hésita pas : il
accorda les deux cents livres demandées et les deux
régents vinrent à Grenoble ; mais ils n'y restèrent pas
longtemps, car, en 1558, on donnait de nouveau mission
au représentant de la ville à Paris de se procurer deux
régents[2].

[1] Arch. de Grenoble, BB. 15. *Inventaire*, t. I, p. 46.
[2] *Ibid.*, BB. 17. Délib. du 17 avril. *Inventaire*, t. I, p. 52

Heureusement pour nos consuls, ils n'avaient pas toujours besoin d'aller chercher si loin. Les humanistes de ce temps étaient de grands voyageurs et Grenoble était sur le chemin de l'Italie, leur pèlerinage de prédilection. La bourse vide, ils s'y arrêtaient quelques années, quelques mois, ou quelques semaines, au gré de leur fantaisie. Ainsi fit, en 1497, Pierre Fleur, licencié ès arts, originaire de Petrato-Porto, au diocèse de Turin, lequel, passant à Grenoble, apprit que le recteur des écoles était mort et se présenta pour le remplacer. Après avoir soutenu brillamment une controverse publique, il fut accepté et dirigea les écoles pendant plusieurs années [1].

La même aventure arriva au grammairien-poète Hubert Sussanneau, l'ami de Rabelais et d'Étienne Dolet, avec cette piquante particularité que si Grenoble ne put fixer cet incorrigible nomade, il le maria et dans des conditions, empruntées au répertoire de la comédie, qui, si elles sont exactes, donneraient une singulière idée de la jovialité des Grenoblois de ce temps.

Sussanneau est aujourd'hui un oublié et ses livres eux-mêmes sont presque introuvables ; mais en 1536, date à laquelle il vint pour la première fois à Grenoble, bien qu'à peine âgé de vingt-quatre ans, il faisait déjà bonne figure dans le monde des lettres. Depuis l'âge de dix-huit ans, il enseignait l'éloquence et la poésie, et les leçons qu'il avait données à Paris sur Virgile et Cicéron, l'avaient classé parmi les meilleurs humanistes de son temps. Mais, s'il était estimé comme littérateur, Sussanneau, à en croire Théodore de Bèze, qui lui a consacré des vers plutôt désobligeants, aurait été un assez mauvais sujet.

---

[1] Arch. de Grenoble, BB. 2. *Inventaire*, p. 3.

Norunt Hubertum ganeones. prodigi,
Norunt magistri cocta quos crambes necat.
In urbe tota nullus histrio latet,
Nec mæchus ullus, scurrave impudens,
Nec chiromantis ullus aut cadaverum
Molestus excitator, ant vates malus,
Cui non Hubertus iste sit notus bene.
Sed scire vis ignotus hic cui sit ? Sibi.

On prétend, il est vrai, que Bèze avait, pour détester Sussanneau, des raisons plus personnelles que le souci de la morale. Le jeune professeur aurait été vu d'un œil trop favorable par la Candida, cette Claudine Desnos que le réformateur devait épouser. C'est du moins ce que laisse supposer la réplique de Sussanneau aux ïambes de son rival : « Vous nommez, lui dit-il, bien des gens dont vous dites que je suis connu et vous oubliez votre Claudine. »

Nam debuisti carmen illud addere
Me Claudiæ tuæ bene esse cognitum [1].

Tel était l'homme qui, en 1536, quittant pour quelque temps les presses de Sébastien Gryphe, qui l'employait à la préparation de ses éditions de Cicéron, d'Horace et de Saint-Cyprien, vint, on ne sait pourquoi, à Grenoble, attiré peut-être par son ami Rabelais qui y avait passé quelque temps l'année précédente [2]. Le maître de l'école, Guillaume Droyn, était malade ; il proposa à Sussanneau de s'associer à lui pour la direction de l'école. Celui-ci accepta et fut agréé par les consuls. Pendant trois mois, les choses allèrent le mieux du monde, lorsqu'un beau

[1] *Mémoires pour servir à l'histoire des hommes illustres dans la république des lettres*, par le R. P. Nicéron. Paris, 1737, t. XXXVIII, pp. 365-377.
[2] Heulhard. *Rabelais, ses voyages en Italie, son exil à Metz.* Paris, 1891, in-4°, p. 58.

·jour on apprit qu'après une querelle dans laquelle ·il
avait distribué force coups d'épée, le jeune magister,
redoutant les suites de ses violences, s'était enfui de Grenoble [1].

On ne lui tint pas rigueur de cette équipée, car le
20 février 1540 [2], le Conseil de ville l'agréait une seconde
fois, en qualité de précepteur en chef des écoles, aux
gages de cent livres par an. Cette fois, il resta deux ans
à Grenoble, non qu'il cherchât à s'y fixer, mais parce
qu'il était malade et besogneux. Ses continuels besoins
d'argent nous ont valu une série de requêtes adressées au
Conseil consulaire, où, dans un pur latin cicéronien, il
décrit ses souffrances et sa pauvreté [3].

C'est pendant ces deux années de professorat à Grenoble que lui arriva la singulière aventure qu'il a racontée
lui-même et à laquelle il a peut-être bien ajouté quelques
détails. Les amis qu'il s'était faits dans cette ville s'é-
taient mis en tête de le marier pour le soustraire aux
pièges de Cythère. Sussanneau résistait. Un jour, on le
convie à un plantureux repas, comme les Grenoblois de
ce temps savaient les préparer. Sussanneau buvait volontiers. Il ne se méfia pas des petits vins de la vallée du

[1] Arch. de Grenoble, BB. 11. Sussanneau resta à Grenoble du
5 mai au 4 août 1536.

[2] *Ibid.* BB. 12. Cette mention stipule que Me Suzaneus demeu-
rera précepteur en chef de l'école aux gages de 100 livres par an
avec tous profits et honneurs accoutumés ; qu'il sera tenu de payer
des gages à Me Claude, bachelier, ou, à son défaut, à un autre
bachelier suffisant pour les petites lectures ; qu'on donnera à
Me D·oyn 40 livres tournois et que Mes Suzaneus et Droyn vien-
dront tous les mois rendre compte au Conseil de leur administration.

[3] On en trouvera des spécimens dans l'*Inventaire des Archives
historiques de Grenoble*, 2e partie, p. 106. Série CC., n° 634.

Graisivaudan. Quand ses yeux commencèrent à se troubler, deux traîtres — c'étaient, nous dit-il, deux avocats — se jetèrent sur lui, lui attachèrent les bras et, accompagnés de tous les autres convives et d'une foule énorme intriguée par ce singulier cortège, le conduisirent à l'église. Un prêtre attendait, auquel entre deux hoquets, il dit le oui fatal. Puis toute la noce, précédée par un joueur de cornemuse, le ramena chez lui et le mit au lit. Le lendemain en s'éveillant, la tête lourde, il trouvait à ses côtés une fillette de douze ans à peine... dont il ne fit sa femme que dix mois plus tard [1].

Cette histoire est-elle bien véridique? Le P. Nicéron, barnabite, qui a fait à Sussanneau une place dans ses *Mémoires pour servir à l'histoire des hommes illustres dans la république des lettres*, semble l'accepter comme telle et M. Heulhard, le dernier historien de Rabelais, ne la met pas en doute. En tous cas, si les archives de la ville de Grenoble n'en ont pas gardé trace, ce qu'elles nous disent de Sussanneau serait de nature à la rendre vraisemblable. En effet, une délibération du 31 mars 1542 [2] le révoquait de ses fonctions de recteur à la suite de considérants très sévères : « Il est homme de maulvays exemple et tel que, quand il a commencé ung livre, il ne continue sinon deux ou trois chapitres et puys en commence ung aultre, et puys est blasphémeur de Dieu et la pluspart du temps yvre, montrant maulvays exemple aux escolliers, pourtant espéez, se batant aveques l'un et aveques l'aultre. » Le P. Nicéron rapporte que Sussanneau quitta Grenoble rappelé par sa vieille mère,

[1] Heulhard, *Op. cit.*, p. 145.
[2] Arch. de Grenoble, BB. 13. *Inventaire*, t. I, pp. 36-37.

qui désirait le revoir avant de mourir. Si Sussanneau obéit
à cette pieuse pensée en abandonnant ses élèves, on voit
qu'il ne fut pas retenu par les Grenoblois.

Les régents, du type de Sussanneau, n'étaient pas rares
au xvie siècle et l'école de Grenoble en connut plus d'un.
Celui qui succéda à Sussanneau, en 1537[1], passait pour
fréquenter volontiers des femmes de réputation équi-
voque, dont il avait signalé lui-même la présence dangereuse dans le voisinage de l'école. Guillaume Droyn, qui
dirigea huit ans les écoles, n'était pas renommé pour sa
sobriété et sa démarche parfois incertaine réjouissait fort
les écoliers[2]. Le maître qui remplaça Sussanneau, en
1543, était dénoncé au Conseil comme recevant dans la
maison d'école des femmes de mauvaise vie[3]. Un humaniste distingué, Me Pontius, qu'on avait enlevé aux écoles
de Romans, était destitué en 1558, parce qu'il était
« homme de maulvays exemple à la jeunesse, bateur de
pavail la nuyt, guyère bon crestien, ymo suspect[4] ».

Aussi la ville, avant d'engager un maître, s'entourait-
elle de toutes les garanties possibles en ce qui concernait
sa moralité et son orthodoxie. Le 27 mai 1541, les consuls
étaient chargés par le Conseil d'examiner si un maître
d'école, qui se présentait, n'était pas « suspect de la scepte
leutériane[5] ».

Après cette enquête « de vita moribus et fide catho-

[1] Arch. de Grenoble, BB. 11. Délib. du 3 août 1537. *Inventaire,*
t. I, p. 31.
[2] *Ibid.,* BB. 10. Délib. du 7 décembre 1534. *Inventaire,* t. I,
p. 27.
[3] *Ibid.,* BB. 13. Délib. du 27 mai 1543. *Inventaire,* t. I, p. 37.
[4] *Ibid.,* BB. 17. Délib. du 17 avril. *Inventaire,* t. I, p. 52.
[5] *Ibid.,* BB. 12. *Inventaire,* t. I, p. 86.

lica », on se préoccupait de la valeur scientifique du candidat et de ses aptitudes pédagogiques. A cet effet, on lui faisait subir l'épreuve d'une leçon publique sur une question de rhétorique et de philosophie qui lui était imposée quelques jours d'avance[1]. Cette preuve de science se donnait en grand apparat, dans une des salles du Parlement ou du couvent des Cordeliers, en présence du Conseil de ville et d'une nombreuse assistance. Lorsqu'il y avait deux candidats en concurrence, on les faisait argumenter l'un contre l'autre « et verbaliter verbis latinis et epistolative inde layca lingua[2] ». Il y avait donc des épreuves orales en latin et des épreuves écrites en langue vulgaire. Les simples régents ou bacheliers étaient soumis aux mêmes conditions[3]. Les uns et les autres devaient, en outre, exposer sommairement le programme de leur enseignement et désigner les livres qui feraient l'objet de leurs leçons. Un jury nommé par le Conseil de ville et composé le plus souvent de magistrats, d'ecclésiastiques et d'avocats, était chargé d'apprécier la valeur des candidats[4]. Si les résultats du concours ne paraissaient pas concluants, les postulants pouvaient être pris à l'essai et chargés provisoirement de la direction d'une classe pendant quelques semaines[5]. Le plus souvent le jury statuait après l'épreuve publique. Le candidat était admis ou refusé; dans ce dernier cas, on lui accordait une indemnité pour son déplacement[6].

[1] Arch. de Grenoble, CC. 708, BB. 8, BB. 9, BB. 11, BB. 13, etc.
[2] *Ibid.*, BB. 3. Délib. du 5 janvier 1515.
[3] *Ibid.*, BB. 43.
[4] *Ibid.*, BB. 40.
[5] *Ibid.*, BB. 13. *Inventaire*, t. I, p. 39.
[6] *Ibid.*, CC. 636.

Le candidat admis était nommé recteur ou régent, selon les cas. Au xvᵉ siècle, tout nouveau recteur devait être présenté au doyen du chapitre Notre-Dame, mais cette formalité semble être tombée rapidement en désuétude.

Il va sans dire que la question d'argent avait été préalablement traitée. Le nouveau recteur recevait tout d'abord une indemnité pour ses frais de voyage et pour le transport de ses meubles et de ses livres[1], parfois même une gratification pour l'encourager à bien faire son devoir[2].

En dehors de ces allocations exceptionnelles, les revenus ordinaires du recteur ou régent principal des écoles étaient, depuis la fin du xvᵉ siècle :

1° Un traitement fixe fait par la ville et qui variait de cent à deux cents livres par an.

2° Le produit de la rétribution scolaire payée par les parents des élèves. Cette rétribution était d'un sou tournois par élève et par mois, payable par trimestre[3]. Les jeunes enfants qui apprenaient l'alphabet ou les Sept Psaumes et les pauvres[4] en étaient seuls exempts. En cas de non paiement à l'échéance des trois mois, le maître avait le droit de saisir les livres et cahiers des

---

[1] Arch. de Grenoble, BB. 5 ; DD. 1, fol. 170 vᵉ ; CC. 682. La ville payait aussi parfois les livres dont le maître avait besoin pour son enseignement.

[2] Ibid., BB. 5, CC. 614.

[3] Ibid., BB. 5.

[4] Les règlements auxquels nous empruntons ces détails ne parlent pas de la gratuité de l'école en faveur des pauvres, mais de nombreuses délibérations du Conseil de ville, reprochant à des maîtres de refuser de recevoir les élèves pauvres, on est en droit de croire que cette gratuité était d'usage sinon de droit strict.

2

enfants. Chaque élève devait, en outre, donner deux sous au maître en rentrant en classe après les vacances des vendanges. Enfin, certains maîtres exigeaient une redevance en argent ou en nature pour l'éclairage de la salle d'école pendant l'hiver ; quand cette redevance était fournie en nature, chaque écolier, à tour de rôle [1], apportait une chandelle pour éclairer sa classe.

3° Le produit de certaines amendes infligées aux écoliers pour absences, retards, fautes contre la discipline ou dans les études. Nous reviendrons sur ce sujet en parlant des punitions. Ces amendes étaient partagées entre le recteur de l'école, le régent de la classe et les répétiteurs ou surveillants qui avaient relevé la faute pour laquelle elles étaient infligées.

4° Des offrandes faites au maître par les écoliers pour l'achat de poissons pendant le Carême [2].

5° La source de revenus la plus productive du recteur des écoles provenait du droit, qui lui était reconnu par l'usage et les règlements scolaires, de tenir des enfants en pension, c'est-à-dire de les loger et de les nourrir. Non seulement ce droit lui était reconnu, mais il constituait en sa faveur un monopole, et toute autre pension particulière était rigoureusement interdite. Or, bien que l'école publique fût seule autorisée, il y eut toujours à Grenoble un certain nombre de professeurs libres, qu'on appelait des pédagogues, lesquels réunissaient dans leurs chambres quatre ou cinq enfants auxquels ils donnaient des répétitions. Ces pédagogues faisaient à la pension du recteur de la Grande École une redoutable concurrence,

[1] Arch. de Grenoble, BB. 5.
[2] *Ibid.*, BB. 5.

contre laquelle celui-ci protestait fréquemment, invoquant l'autorité du Conseil consulaire et, au besoin, celle du Parlement.

6° Il convient d'ajouter aux avantages accordés au recteur des écoles l'exemption des charges publiques et enfin le logement et parfois le mobilier[1].

IV.

Dès l'année 1340, nous l'avons constaté, la ville prenait à sa charge le loyer de la maison où était installée l'école. Il en était encore de même en 1389, date à laquelle elle payait à Guigue Fallavel, jurisconsulte, 15 florins « pro loyerio domus studiorum generalium[2] ». En 1412, elle accordait encore, mais, il semble, à titre exceptionnel et comme une faveur, aux maîtres de l'école une subvention pour leur logement et pour la location des bâtiments scolaires[3]. Depuis lors et pendant tout le xvᵉ siècle il semble bien que les recteurs de la Grande École ont dû, non seulement se loger à leurs frais, mais encore payer de leurs deniers la maison où ils réunissaient leurs élèves. En 1492, le recteur Jean Gautier, en fonctions depuis quatre ans, manifesta l'intention de se retirer : il lui était impossible de vivre à Grenoble avec les gages misérables qui lui étaient attribués, la ville laissant

---

[1] Règlements du 1ᵉʳ juin 1520 et du 3 décembre 1558. Arch. de Grenoble, AA. 6, fol. 406, et Arch. de l'Isère, B. 111, fol. 14. Ces deux règlements ont été publiés par J.-J.-A. Pilot, dans le *Bulletin de la Société de Statistique de l'Isère*, 2ᵉ série, t. IV, pp. 60 et 256. Du règlement de 1520, Pilot n'a donné qu'une traduction.

[2] Arch. de Grenoble, CC. 575.

[3] *Ibid.*, CC. 577.

à sa charge la location de la maison d'école, contrairement à ce qui se passait dans les autres villes. Le célèbre
conseiller Jean Rabot, dont l'autorité était grande, fit
observer que le départ de ce maître causerait un grave
préjudice aux écoliers et à la ville, qui ne réussirait peut-
être pas à en trouver un autre aussi capable. Le Conseil
consulaire se rendit à ces raisons ; il décida qu'on retien-
drait le maître, que la location de sa maison serait désor-
mais payée par la ville et qu'on tâcherait même de s'en
procurer une autre plus convenable [1].

Depuis lors, recteurs, régents et bacheliers furent
constamment logés, soit dans la maison d'école, soit dans
d'autres locaux spécialement loués à cet effet. En 1517,
la ville acquit une maison auprès du couvent des Cordeliers [2], pour y installer définitivement l'école et, comme
cette maison était insuffisante, on loua d'abord [3], puis on
acheta, vers 1543, les bâtiments voisins [4]. Grâce à ces
annexes, on obtint une maison d'école assez vaste pour
fournir de belles salles bien aménagées pour les classes,
des appartements pour le régent principal et ses auxiliaires, des dortoirs et un réfectoire pour le pensionnat [5].
Cette école servit jusqu'en 1591, date à laquelle elle fut
prise par Lesdiguières avec la tour de l'île et le couvent
des Cordeliers pour faire place à une citadelle et à un ar-
senal. L'école émigra dans les bâtiments de l'hôpital de
la Madeleine, d'où elle ne tarda pas à être expulsée [6].

---

[1] Arch. de Grenoble, BB. 1. *Inventaire*, p. 2.
[2] *Ibid.*, BB. 4, DD. 1, fol. 31.
[3] *Ibid.*, DD. 1, fol. 33.
[4] *Ibid.*, BB. 13. Délib. du 8 juillet.
[5] *Ibid.*, BB. 63. *Inventaire*, p. 102.
[6] Arch. hist. de l'Hôpital de Grenoble, E. 3. *Inventaire*, p. 62.

Elle reprit alors sa vie errante dans des installations pro-
visoires[1] jusqu'au jour où elle se fixa dans le couvent des
Dominicains.

V.

Jusqu'au milieu du XVIe siècle, le nombre des maîtres
de l'école varia d'année en année au gré des recteurs.
Comme c'était à eux qu'incombait la charge de se procurer des auxiliaires, de les payer et de les nourrir, ils
en avaient tantôt un seul, tantôt deux, suivant le chiffre
de leurs élèves et la prospérité de leurs affaires. A dater
de 1554, la ville se décida à salarier et à loger deux régents subalternes, mais laissa au recteur le soin de les
nourrir. Depuis lors, il y eut toujours à la tête de la
Grande École un recteur et deux régents ou bacheliers.
La population scolaire ne dépassant guère la centaine,
trois maîtres suffisaient, à condition de se faire aider par
quelques-uns des pédagogues libres qui suivaient les
cours de la Grande École. Ces pédagogues payaient
ainsi la tolérance qui leur permettait, sous certaines conditions, de tenir de petites écoles.

En effet, la ville, qui assumait la charge de l'école publique, prenait toutes les mesures propres à assurer sa
prospérité. De ces mesures, la plus efficace était celle qui
lui garantissait le monopole de l'enseignement en inter-
disant toute autre école rivale. Cette interdiction ne fut
jamais absolument respectée. Il y eut toujours à Grenoble
des instituteurs libres. Ces pédagogues étaient appelés
dans la ville par des familles riches qui leur confiaient

[1] Arch. de Grenoble, CC. 711.

l'éducation de leurs enfants. D'autres étaient d'anciens régents de la Grande École, démissionnaires ou congédiés. Leur nombre s'accrut au milieu du XVIᵉ siècle, lorsque l'Université de Grenoble, restaurée, attira dans cette ville un grand nombre d'étudiants, lesquels, pour alléger les charges que leur causait le séjour de Grenoble, étaient heureux de consacrer leurs loisirs à donner des répétitions aux écoliers qu'on voulait bien leur confier [1].

On comprend que les maîtres de l'école officielle n'aient pas accepté cette collaboration qui leur enlevait de nombreux élèves et diminuait d'autant le produit de la rétribution scolaire. Aussi leurs protestations étaient-elles fréquentes. En 1520, les recteurs Jean Thierry et Raoul d'Orléans signalaient au Conseil de ville le préjudice que leur causaient les petites écoles établies dans la ville [2]; en 1526, les consuls faisaient fermer une école libre, ouverte dans sa maison par un pédagogue nommé Jean de L'Argentière [3]; en 1535, Guillaume Droyn se plaignait de la concurrence que lui faisaient certains magisters venus de Paris, qui avaient ouvert des écoles privées [4]; en 1538, une admonestation était adressée à quelques pédagogues qui refusaient de conduire leurs élèves à l'école publique,

[1] Cette concurrence des écoles libres existait dans toutes les villes. Voyez pour la Bourgogne, Muteau. *Les écoles et collèges en province depuis les temps les plus reculés jusqu'en 1789.* Paris, 1882, in-8°.

[2] Arch. de Grenoble, BB. 6. *Inventaire*, t. I, p. 14.

[3] *Ibid.*, BB. 8, *Inventaire*, t. I, p. 21.

[4] *Ibid.*, BB. 11. *Inventaire*, t. I, p. 27. Après avoir quitté la Grande École, Guillaume Droyn devait ouvrir, à son tour, une école libre. Le 30 décembre 1538, il était invité à envoyer ses élèves à la Grande École. (BB. 12. *Inventaire*, t. I, p. 33.)

et une démarche était faite auprès du Président de la
Chambre des comptes et d'un autre magistrat pour les
prier d'obliger les précepteurs de leurs enfants à les
mener aux classes du recteur officiel [1]. En 1537, un recteur demandait qu'aucun pédagogue libre ne fût autorisé
à ouvrir une petite école sans avoir été examiné et accepté par le recteur de l'école publique [2].

On admettait, en effet, que les écoles libres pouvaient
recevoir des enfants trop jeunes encore pour être en état
de suivre les classes de la Grande École. Cette conces-
sion semblait dangereuse au même recteur. « Item pour
ce qu'il est besoing que de jeunesse ung enfant apprègne
à bien prononcer, (il est bon) que les petits de l'A. B. C.
viennent tous à l'eschole pour cela apprendre et bonnes
mœurs et le train de l'eschole et scavoir les dits plus tost
lire et plus correct en ung an qu'ils ne feroient en deux et
ne se débaucheront point, comme ilz font en leur chambre, cependant que leur petit magister est en l'eschole
ouyr sa leçon [3]. »

Ces protestations des maîtres et les admonestations et
défenses des consuls restant sans effet, ces derniers
s'adressèrent, en 1543, au Parlement. Ils lui exposèrent :
« Comme l'une des principales parties et membres d'une
république soit l'institution et instruction de la jeunesse,
et que, pour parvenir à cela ils ayent jusques icy travailhé
à trouver gens à ce expers, tellement que il leur a beau-

[1] Arch. de Grenoble, BB. 12. *Inventaire.* t. I, p. 32.

[2] *Ibid.*, BB. 11. *Inventaire.* t. I, p. 31.

[3] « Les articles que maistre Adam demanderoyt à luy estre
octroyés, si ainsi estoit que Messeigneurs les Consulz de la cité
de Grenoble luy baillent la régence et administration de leur
eschole ». Arch. de Grenoble, BB. 11. *Inventaire,* t. I, p. 31.

coup cousté et couste tous les jours ; est vrai que par le
moyen d'aucuns pédagogues, estans en ceste ville, telle
institution est troublée et empeschée, pour ce qu'ilz re-
tiennent les enfans particulièrement dans des chambres
privées, sans à yceulx permectre aler à la Grande
Escolle ouyr les lecçons aux heures à ce ordonnées,
qui revient au préjudice et dommaige, d'aultant que par
tel moyen le corps, qui doibt estre uny, est party et divisé,
chose qui revient au retardement du prolfict et endoctri-
nement nécessère de la joynesse. Ce considéré, vous
playra inhiber et deffendre, à peyne de bannissement de
la ville et aultre telle qui semblera myeulx à la Court, à
tous et ung chascun pédagogues particuliers qu'ils n'ayent
à tenir telles cambrades pour y lire, comme ils font et
par mesme moyen commander qu'ilz et leurs enfans
ayent à se rendre dans la Grande Escolle à toutes les
heures ordonnées à faire leçons, chescun selon sa fa-
culté » [1].

Au reçu de cette requête, le Parlement commit deux de
ses membres pour faire une enquête. Ceux-ci entendi-
rent les pédagogues visés par la plainte des consuls.
Parmi eux se trouvait un ancien recteur congédié, qui
suivait les cours de droit à l'Université ; un autre, nommé
Pierre Bergeron, qui devait être, quinze ans plus tard,
recteur de l'école, était étudiant en médecine et surveil-
lait l'éducation des enfants d'un secrétaire du Parlement.
Tous les autres étaient dans les mêmes conditions ; ils ne
refusaient pas de conduire à la Grande École les enfants
dont ils avaient la garde, mais ne voulaient à aucun prix
s'y rendre eux-mêmes, attendu, laissait entendre l'un

[1] Arch. de l'Isère, B. 3003, pièce 90.

d'eux, qu'ils en savaient plus long que le maître [1]. Quelques années plus tard, un pédagogue des enfants de Guigue Collisieux, huissier des États, répondait brutalement au recteur de la Grande École qui l'engageait à lui amener ses élèves : « Et pourquoi faire, mener les enfans à la Grand Escolle ? Pour les faire ânes comme vous ? Ils n'iront point quoique vous scachiez dire. » L'intervention du Parlement avait donc été inefficace [2].

En 1558, date à laquelle fut rédigé un important règlement scolaire dont nous allons parler, il y avait à Grenoble quinze pédagogues et partant quinze petites écoles, rivales de la Grande École. Aussi la question de l'enseignement libre fit-elle l'objet d'un assez grand nombre d'articles de ce règlement.

Et d'abord il affirme le monopole exclusif de la Grande École. A elle seule appartient le droit d'enseigner depuis les éléments de la grammaire jusqu'aux humanités. Les pédagogues libres ne pourront que faire répéter les leçons des maîtres officiels en suivant fidèlement les interprétations de ces maîtres, pour ne pas troubler l'intelligence des enfants

Aucun pédagogue ne pourra prendre la conduite d'un écolier capable d'aller à la Grande École, sans en avertir immédiatement le principal, en lui donnant par écrit les nom et prénoms de l'enfant.

Les petites écoles sont autorisées ; mais elles sont placées sous la tutelle du principal de la Grande École, lequel a le droit de les inspecter une fois par mois, pour en surveiller les études, interroger les élèves et désigner

[1] Arch. de l'Isère, B. 3003, pièce 90.
[2] Arch. de Grenoble, BB. 15. *Inventaire*, t. I, p. 48.

ceux qui lui sembleraient assez avancés pour suivre utile-
ment les classes de la Grande École. Si, après cette
désignation, leur pédagogue refusait ou négligeait de les
y conduire, il serait tenu de payer lui-même au principal
la rétribution scolaire de ces élèves, comme s'ils y étaient
effectivement allés.

Il est interdit à deux pédagogues de s'associer pour
tenir une école ; mais il ne leur est pas défendu de se
réunir plusieurs dans une même chambre pour y vivre
plus économiquement.

Les pédagogues observeront dans leurs petites classes
le règlement de la Grande École. Leurs élèves devront
constamment parler latin. Les heures de récréation, les
congés et les vacances seront les mêmes que ceux de la
Grande École.

Enfin, le règlement de 1558 recommande aux pédagogues d'avoir, pour le principal et les régents, respect
et déférence et à ces derniers de traiter les pédagogues
avec bienveillance et sympathie. Si une contestation
s'élève entre eux, ils s'efforceront de la régler pacifique-
ment, dans un esprit d'équité et de conciliation.

Ces sages conseils ne furent, hélas ! pas observés et
les réclamations contre la concurrence des pédagogues
se renouvelèrent, comme par le passé, jusqu'au jour où la
direction de la Grande École fut donnée aux Dominicains.
Le dernier principal, Jean Serret, exposait, en 1604, ses
doléances à ce sujet au Conseil de ville [1]. « La pluralité des
maîtres, qui enseignent en la présente ville, pour la diver-
sitté des méthodes que le chascung tient et ignorance de
quelques-uns, avec la grand licence qu'ils permettent aux

---

[1] Arch. de Grenoble, BB. 67. *Inventaire*, p. 106.

enfans, seroit cause du retardement et peu de profflct desdits enfans et mesmes pourroit causer la extirpation et adnihilation de vos escolles communes, qui ont encores assez flory (Dieu grâces !) comme plusieurs sçavent et tesmoigneront. »

A côté des pédagogues qui apprenaient à lire aux enfants trop jeunes pour suivre les cours de la Grande École, ou qui donnaient des répétitions à ceux qui y prenaient part, il y avait des magisters chargés d'enseigner aux uns et aux autres et aussi aux enfants de la petite bourgeoisie, destinés au commerce, les principes de l'écriture et de l'orthographe et les règles élémentaires de l'arithmétique. Ces matières ne figuraient pas, en effet, dans le programme d'études de la Grande École. Le recteur, Jean Serret, estimait qu'il y avait intérêt à les y faire rentrer. « Considéré aussi, disait-il, que les enfans ne peuvent guières profiter sans scavoir escripre, seroit besoin que le suppliant, ou aultre tenant lieu de premier (régent) fust accompagné de deux ou trois maîstres d'escripture résidans et habitans à la ville, afin que les enfans ne changent si souvent de lettre, ni de méthode de former lettre et ne permettre à aulcuns courans ou passans de enseigner, s'ils ne promettent faire résidence et donner caution[1]. » Et il concluait : « Ce considéré sera vostre bon playsir y remédier avant que le mal empire, ne permettre que touttes sortes de maistres, sans estre examinez et sans vostre sceu et que tels courants ne facent icy siège ny demeure sinon de vostre licence ».

[1] Un mois auparavant, quelques-uns de ces magisters nouvellement installés étaient partis subrepticement après s'être fait payer d'avance leurs gages par les parents de leurs élèves.

Le Conseil de ville donna satisfaction à une partie de cette requête en adjoignant un maître d'écriture à la Grande École avec mission de donner chaque jour à tous les élèves une heure de leçon le matin et autant le soir, avant et après les classes de grammaire [1].

VI.

L'enseignement secondaire à Grenoble, pendant la période qui nous occupe, avait exclusivement pour objet l'étude de la langue et de la littérature latine. Et cela n'était, au fond, ni si étonnant, ni si absurde que cela nous paraît aujourd'hui. Au commencement du xvie siècle, le latin n'était pas une langue morte : c'était une langue usuelle, dont l'intelligence était indispensable à tous. C'était la langue de l'Église et des lettrés ; c'était aussi la langue des affaires. Les actes publics et privés, arrêts des tribunaux, délibérations des Conseils de ville et contrats notariés étaient rédigés en latin. Il pouvait donc paraître naturel que, dès leur jeune âge, les écoliers fussent exercés à parler latin et c'est pourquoi on leur interdisait, en récréation comme en classe, de se servir de leur langue maternelle. Les maîtres enseignaient en latin et les règlements et avis affichés dans l'école étaient rédigés dans la même langue.

Les maîtres devront enseigner, disait un règlement scolaire de 1520, « libros et regulas grammaticales poetice et oratorie scientiarum ». Me Claude Blancherose, nommé recteur en 1521, exposait ainsi son programme d'études: « Ipsos juvenes fundabit super Donato, tandem leget eis

[1] Arch. de Grenoble, BB. 67. *Inventaire*, t. I, p. 106.

Antonium Nebricensem sive Dispoterium et Perotium et postmodum Elegantias Augustini Dathi ; et postmodum deveniet ad majora et eis leget Vergilium, Ciceronem, Laurentium Valla et Boecium [1]. » On voit par cet exposé quels étaient les livres en usage à la Grande École de Grenoble, au commencement du xvi° siècle. Le Donat était la base de l'enseignement. On sait la vogue dont jouirent, pendant tout le moyen âge, les traités de ce grammairien. Blancherose leur adjoignait les *Introductiones Latinæ*, d'Antoine de Lebrixa, publiées en 1481 et où il exposait ses vues sur l'onseignement de la langue latine, les Rudiments, la Grammaire et la Prosodie, de Despautères, et les *Rudimenta Grammatices*, de Nicolas Perotti. Après ces robustes préliminaires, il commentait à ses élèves les *Elegantiarum latinæ linguæ precepta*, d'Augustin Dathus, et, ainsi préparés, leur faisait aborder enfin l'étude directe des auteurs latins, Virgile, Cicéron et Boëce, auxquels il associait les *Elegantiæ latinæ linguæ*, de Laurent Valla, ouvrage de lexicologie, composé en vue d'apprendre à parler et à écrire en latin.

En 1575, le recteur Pierre des Govets, récemment installé, adressait aux familles grenobloises une circulaire latine dans laquelle il exposait ainsi le programme des études de l'année [2] :

« *Studiorum inchoatio.*

« 1° Proximis mensibus. Mane : Ciceronis epistolæ, syntaxis Despauteriana, rudimenta grammatices, octo orationis partes. — Vesperi : Terentius, Despauterii preterita et supina, nominum declinationes.

[1] Arch. de Grenoble, BB. 7. *Inventaire*, t. I, p. 16.
[2] *Bibliothèque de Grenoble*, Mss. R. 80, t. XI, fol. 153.

« 2° Ultimis mensibus. Mane : rhetorica Ciceronis, cui succedet libellus de conscribendis epistolis Ludovici Vivis, philosophia. — Vesperi : Compendium dialectices Carpentarii, Horatius in Odis, quantitas syllabarum. »

Ici c'est Despautères qui triomphe et qui fait presque exclusivement l'objet des études des premiers mois; dans la suite, c'est, avec Cicéron et Horace, le livre de l'espagnol Jean-Louis Vivès, sur la manière d'écrire les lettres et un compendium de dialectique de Jacques Charpentier.

On remarquera que dans ces deux programmes l'étude de la langue grecque ne figure pas. C'est que les hellénistes furent toujours rares parmi les maîtres de l'école de Grenoble. Cependant, on se souvient peut-être qu'en 1554 la ville en avait fait venir un, à grands frais, de Paris. Aussi le règlement scolaire de 1558 prévoit-il chaque jour deux heures d'études grecques, l'une consacrée à la philosophie d'Aristote et l'autre à un grammairien ou poète grec, suivant la force des élèves.

L'ordre quotidien des exercices scolaires nous est fourni par deux règlements, rédigés sur la demande du Conseil consulaire. D'après le premier de ces règlements, qui porte la date du 1er juin 1520[1], les classes commençaient le matin à cinq heures et duraient jusqu'à neuf heures. Durant ces quatre heures, les maîtres seuls avaient la parole; les élèves écoutaient et prenaient des notes. L'après-midi était consacré à l'étude des leçons du matin, aux interrogations et à l'explication des textes. Les élèves étaient divisés en deux classes : la première, de grammairiens déjà familiarisés avec la langue latine,

[1] Arch. de Grenoble, AA. 6, fol. 406.

et la seconde, d'enfants qui apprenaient les rudiments.
Il semble bien que, du moins pendant les répétitions de
l'après-midi, chaque classe était subdivisée en un certain
nombre de sections, placées chacune sous la garde d'un
de ces pédagogues libres, qui étaient tenus de conduire
leurs enfants à la Grande École et de suivre les cours de
la première classe.

En 1537, l'ordre des leçons est un peu modifié. Il y
avait, à cette époque, trois maîtres à l'école. Leurs fonctions quotidiennes étaient ainsi réglées :

« Magister Reginaldus, primus baquelarius, suam
primam faciet lecturam hora sexta de mane et durabit
usque ad septimam horam sequentem. Et hora septima,
magistri Guillelmus Droyni, preceptor, et Guigo Desiderii, secundus baquelarius, quilibet ipsorum in sua
scola sive membro, faciet suas lecturas suarum lectionum
matutinarum et durabunt usque ad horam octavam et
post sermonem idem Droynus, preceptor, faciet erga dis-
cipulos quid voluerit et alii facient repetitiones et disputationes tam generales quam particulares.

« Post prandium vero, hora prima, idem Droynus faciet
iterato suam lecturam usque ad horam secundam in suo
ginasio seu membro et pariter idem Desiderii, eadem
hora, in suo membro. Hora vero secunda, idem Reginaldus iterato suam faciet lecturam usque ad horam
terciam. Repetitiones, disputationes tam generales quam
particulares fient ab eadem hora tercia usque ad quartam
horam ; et hora quarta idem Droynus et Desiderii facient
eorum lecturas et lectiones tantum quantum voluerint
et sua interesse putaverint[1]. »

[1] Arch. de Grenoble, BB. 11. Délib. du 24 février. *Inventaire*
t. I, p. 29.

Le règlement de 1558, plus précis et plus explicite, nous permet de suivre, heure par heure, l'ordre de la journée scolaire dans la Grande École de Grenoble.

L'école était ouverte tous les jours non fériés. Chaque exercice était annoncé au son de la cloche[1]. Le premier avait lieu le matin, de six à sept heures : c'était une leçon de philosophie sur Aristote, à laquelle tous les pédagogues étaient tenus d'assister.

De sept à huit heures, régents et pédagogues faisaient répéter, dans leurs chambres, à leurs élèves les dernières leçons de la veille.

De huit à dix heures, classe. Dans la première classe, le régent traitait, pendant la première heure, des principes de la rhétorique et, pendant la seconde heure, expliquait et commentait un discours de Cicéron. Dans la deuxième classe, le régent consacrait la première heure à l'exposé des règles de la syntaxe grammaticale et, la seconde, à l'explication d'un texte de Térence ou des Épîtres de Cicéron, au point de vue grammatical, en insistant sur les déclinaisons et les conjugaisons.

De dix heures à midi, repas, récréation.

De midi à une heure, le régent de la première classe étudiait un auteur grec, grammairien ou poète, selon la force de ses élèves. Dans la petite classe, on lisait le traité *De Civilitate morum*, ou un autre livre à l'usage des enfants, et on exposait ensuite les règles de la grammaire, sans trop insister sur la technique de ces règles que les élèves apprenaient mieux en lisant les bons auteurs.

[1] Arch. de Grenoble, CC. 604. Achat d'une cloche pour l'école, 4 florins (1518). Cf. *Inventaire*, t. II, p. 94.

De une heure à trois heures, répétitions dans les chambres des régents et des pédagogues.

De trois heures à cinq heures, classe. Dans la première, on lisait un compendium de dialectique pendant la première heure et, de quatre heures à cinq, des poésies de Virgile, Horace, Ovide, etc., en y étudiant les règles de la prosodie. Dans la basse classe, on lisait un livre de Caton, très probablement les distiques moraux qui lui étaient faussement attribués et, durant la seconde heure, les Verbes de Despautères.

De cinq heures à six, chaque régent interrogeait ses élèves, dans sa classe, sur les matières étudiées durant la journée.

Il était recommandé aux régents de ne pas interrompre la lecture d'un livre avant qu'il ne fût achevé, « pour ce que les mutations et variétés d'auteurs sont dommageables aux auditeurs ». Dès que les régents étaient entrés en classe, les écoliers devaient rester assis modestement et en silence et il leur était défendu de sortir avant que l'exercice fût achevé.

Le mercredi et le vendredi de chaque semaine étaient consacrés à des travaux de composition. Les régents donnaient à leurs élèves un thème à développer en prose ou en vers, ou bien, suivant leur force, un texte à traduire du latin en français ou du français en latin.

Tous les trois mois avait lieu un exercice plus solennel. En présence de leurs maîtres, de leurs familles, des consuls et d'un certain nombre de notables qui s'intéressaient aux progrès des études, les meilleurs élèves dissertaient publiquement sur un sujet qui leur avait été imposé huit jours auparavant.

Le samedi, à sept heures du matin, la cloche sonnait

deux fois. A cet appel, tous les enfants inscrits à la Grande
École et les jeunes abécédaires des petites écoles, con-
duits par leurs pédagogues, se réunissaient à l'école communale et, de là, se rendaient en procession à l'église des
Frères-Mineurs, où ils entendaient une messe dite spécialement à leur intention [1]. A l'issue de la messe, tandis
que les pédagogues emmenaient leurs jeunes élèves,
ceux de la Grande École se rendaient dans leurs classes
respectives et y récitaient les leçons apprises pendant la
semaine. A midi, les philosophes argumentaient entre
eux en présence de leur régent, juge de leurs contro-
verses, sur des questions qu'ils se posaient les uns aux
autres.

Le chapitre des punitions est copieusement développé
dans le règlement de 1520. Il exigeait un personnel et
une comptabilité assez compliqués. Toute faute contre la
discipline, pour être arrivé en retard et avoir manqué à
l'appel, pour avoir employé dans ses réponses un mot français ou un terme latin impropre, était punie d'un mauvais
point. Les pédagogues de la grande classe étaient chargés de relever et de signaler ces fautes, et un jeune pré-
posé, nommé le marqueur, avait mission de tenir note
des mauvais points. Deux ou trois fois par mois, ce dernier réglait ses comptes en présence du maître et des
bacheliers. Les mauvais points se transformaient alors
en amendes pécuniaires que l'écolier fautif devait payer
à raison d'un denier pour quatre, trois, deux ou même

[1] Pour payer cette messe, une collecte obligatoire et tarifée était
faite parmi les élèves de toutes les écoles, le jour de la fête de
sainte Catherine et le jour de la fête de saint Nicolas. A la Sainte-
Catherine, chaque écolier était taxé à deux liards.

un seul mauvais point, suivant les cas. Le produit de
ces amendes était partagé entre le principal, les régents,
les dénonciateurs qui avaient signalé les fautes et le
marqueur. Quant à ceux qui ne voulaient ou ne pouvaient payer, ils recevaient le fouet « verberentur super
culo ad discretionem magistri », en tenant compte du
nombre des mauvais points, de l'âge, de la classe et
aussi de la condition sociale du délinquant.

Le règlement de 1558 confirme ce régime de punitions.
« Il sera mis, y est-il dit, un normateur dans chaque
classe pour observer et noter les contrevenants, lequel en
fera récit chescune sepmeyne devant les régents et à chescun d'eux en sa classe, pour en faire punition corporelle
ou pécuniaire, ainsi qu'on a coustume faire et que le cas
exigera. » Il prévoit en outre une punition plus solen-
nelle pour infraction grave aux règlements de l'école.
« Les contrevenants au présent règlement seront cor-
rigés comme désobéissans à leurs maistres ou supérieurs
dans ladicte escolle et ycelle convoquée au son de
ladicte cloche, comme si on voulait faire une leçon et ce,
par le principal ou l'un des régents d'icelle, selon que le
cas le méritera, en présence des consuls de la ville ou de
l'un d'iceulx, qui seront à ces fins appelez et tenus d'y
assister et faire faire main-forte auxdits principal et
régentz, si besoin est, par les serviteurs de ladicte ville. »

En dehors des jours fériés, assez nombreux dans
l'année et pendant lesquels l'école était fermée, les écoliers du XVIᵉ siècle avaient, comme ceux de nos jours,
des vacances à Noël, à Carême prenant, c'est-à-dire aux
jours gras, à Pâques et aux vendanges. L'année scolaire
commençait dans les premiers jours de novembre. Le
jour de la rentrée, la cloche sonnait deux fois pour an-

noncer la reprise des études. En arrivant à l'école, tous
les écoliers, anciens ou nouveaux, se réunissaient dans la
plus grande salle et, les uns après les autres, étaient in-
terrogés par le principal, lequel, après avoir pris l'avis
des régents et des pédagogues présents, décidait dans
quelle classe chaque enfant devait être inscrit. Il est bien
évident que ce classement n'était pas irrévocable et que,
dans le cours de l'année scolaire, on pouvait toujours
faire passer un élève d'une classe dans une autre, si ses
maîtres le jugeaient utile pour le succès de ses études.

VII.

Rien dans les règlements scolaires, auxquels nous
avons emprunté les détails qui précèdent, ne nous permet de supposer qu'avant la fin du xvi⁰ siècle l'étude de
la religion ait figuré dans les programmes de la Grande
École. C'était alors une opinion courante, et peut-être
bien justifiée, que les bons humanistes comme les bons
jurisconsultes étaient d'assez mauvais chrétiens. On n'aurait donc pas vu sans crainte les maîtres laïques de
l'école entreprendre sur les prérogatives du clergé en
abordant des matières que de récentes querelles théolo-
giques rendaient, en ce temps-là, infiniment délicates.
Toutefois, nous avons vu qu'avant de nommer un recteur,
les consuls de Grenoble se préoccupaient de son orthodoxie [1], et quand il était nommé, sa conduite au point de
vue religieux était surveillée de très près. En 1562, un
recteur, nommé Claude Parent, fut destitué pour être
allé assister aux prêches de Farel, dans le faubourg Très-

[1] Arch. de Grenoble, BB. 12. *Inventaire*, t. I, p. 36.

Cloître [1]. Il est vrai que, l'année suivante, Grenoble ayant passé au parti protestant, Parent était supplié de rester et qu'un maître de musique venait tous les jours, pendant une heure, apprendre aux enfants à chanter les psaumes de Marot [2]. En 1564, après l'édit de paix, l'école était rouverte sous la direction d'un recteur et de deux bacheliers, l'un catholique et l'autre huguenot, auxquels il était expressément défendu de traiter de questions religieuses devant leurs élèves [3].

Cette neutralité n'était vraisemblablement pas bien observée, puisqu'en 1566 les réformés demandaient un maître d'école spécial pour leurs enfants [4]. En tous cas, elle était complètement oubliée en 1575, date de la circulaire du P. des Govets, à laquelle nous avons fait déjà quelques emprunts et où nous lisons pour la première fois cette mention finale : « dominicis que diebus et festis catechismus et alia fidei Christianæ elementa prelegentur [5] ». A cette époque, le recteur de la Grande École se considérait donc comme chargé de l'enseignement du catéchisme et cet enseignement se donnait tous les dimanches et jours de fêtes.

VIII.

D'après une très ancienne coutume, les vacances qui précédaient le carême étaient consacrées à des fêtes et à des jeux auxquels prenaient part tous les enfants des

[1] Arch. de Grenoble, BB. 18. *Inventaire*, t. I, p. 55. Cf. mon *Histoire de Grenoble*, p. 347.
[2] Arch. de Grenoble, BB. 18.
[3] *Ibid.*, BB. 19. *Inventaire*, t. I, p. 60.
[4] *Ibid.*, BB. 20. Délib. du 28 juin.
[5] *Bib. de Grenoble*, Ms. R. 80, t. XI, fol. 153.

écoles. Ces fêtes étaient reconnues et approuvées par la municipalité, qui ne dédaigna pas d'en fixer elle-même le cérémonial dans le règlement de 1520, montrant ainsi qu'elle les considérait comme faisant partie des institutions scolaires.

Cela commençait par un grand banquet auquel assistaient maîtres et écoliers. Après le banquet avait lieu un combat de coqs. Les combattants étaient fournis par deux des meilleurs élèves de l'école, désignés par leur maître[1]. Celui auquel appartenait le coq vainqueur était proclamé pour une année Roi des écoliers. Après le combat de coqs, on allait « courir la poule ». Du haut d'une éminence, le recteur lâchait une poule vivante, laquelle, effrayée par les clameurs des enfants, s'enfuyait à tire d'ailes. Tous les écoliers se lançaient à sa poursuite et celui-là était réputé vainqueur qui réussissait à prendre le premier l'animal par la tête.

Le dimanche suivant, premier jour du Carnaval, une bruyante cavalcade parcourait les rues de la ville au son des tambourins. En tête marchaient, montés sur des chevaux richement caparaçonnés, le Roi des écoliers et le vainqueur de la poule, portant au bout d'une épée la tête dorée de l'animal. Tous les écoliers venaient ensuite, à cheval et revêtus de leurs plus beaux habits. Après avoir défilé des Cordeliers à la Maison de Ville et de Notre-Dame au Palais de Justice, ils se rendaient au prieuré de Saint-Robert, situé à une lieue de Grenoble. Se conformant, — parfois d'assez mauvaise grâce[2], — à un ancien

[1] Arch. de Grenoble, BB. 9. *Inventaire*, t. I, p. 23.
[2] En 1518, les écoliers ayant été reçus à coups de bâtons par les moines, le Conseil consulaire déféra l'affaire au Parlement (Arch. de Grenoble, BB. 5. Délib. du 20 février). En 1553, le premier

usage, les moines ouvraient leurs portes à ces enfants et solennellement le prieur, après leur avoir souhaité la bienvenue, couronnait le jeune roi. Après quoi on se rendait au réfectoire où une collation était servie, arrosée de quelques pots de vin. Très réconfortée, la joyeuse bande se remettait en route, rentrait à Grenoble par la porte de La Perrière, traversait la vieille rue de Saint-Laurent et s'en allait frapper à la porte du couvent de Montfleury, où de nouveaux rafraîchissements lui étaient offerts par les chanoinesses nobles de Saint-Dominique

La fête se terminait le soir par un souper offert par le Roi des écoliers à ses maîtres et à ses camarades. Le Roi et le vainqueur de la poule n'en gardaient pas moins pendant toute l'année quelques privilèges, et ce dernier notamment avait le droit, lorsque le maître voulait fouetter un élève, de s'interposer après le deuxième coup de verges, à moins que le fouetté ne fût un incorrigible récidiviste.

D'autres fêtes d'un caractère plus littéraire étaient parfois organisées par la jeunesse des écoles. On sait le goût

---

consul fit observer que, depuis trois ans, les écoliers ne s'étaient pas rendus à Saint-Robert le jour de Carême-entrant et qu'il serait convenable, avant de les y envoyer cette année, de s'informer si le censier du prieuré était disposé à les recevoir. Celui-ci, présent au Conseil, déclara qu'il était prêt à observer les anciens usages, qui étaient « après avoir coronné le Roy, leur donner de souppes en six plats et de bœuf, pain et vin et au plat du Roy une poule ». Toutefois, il ne paraît pas qu'il ait tenu sa promesse, car, le 17 février, le Conseil décidait que des poursuites seraient dirigées contre lui pour avoir reçu trop chichement les écoliers, et contre Mⁿᵉ de Montfleury qui avait refusé de leur ouvrir les portes du monastère. (*Ibid.*, BB. 15.)

qu'a toujours manifesté la population grenobloise pour
les représentations théâtrales. Les recteurs étaient donc
sûrs d'être bien accueillis lorsqu'ils demandaient, comme
le fit, en 1544, Mᵉ Acquin, l'un d'eux, l'autorisation de
construire un théâtre sur la place du Mal-Conseil et d'y
faire représenter un jeu, mystère ou pastorale par les
élèves de la Grande École[1]. Enfin, les écoliers célébraient
aussi, mais par des cérémonies religieuses, les fêtes de
Saint-Nicolas et de Sainte-Catherine.

IX.

Pour achever ce tableau de la vie scolaire à Grenoble
du xivᵉ au xviᵉ siècle, il nous reste à dire un mot des ressources financières auxquelles elle s'alimentait. Ce mot
sera nécessairement bref. Ce n'est qu'à la fin de cette période de trois siècles que nous constaterons des libéralités
en faveur des écoles. Pour fervents qu'ils aient été de la
cause de l'instruction publique, il ne venait pas à la
pensée des Grenoblois de ce temps d'assurer par des
fondations l'existence des maîtres d'écoles. C'était donc
la caisse communale, souvent légère, qui devait, seule,
assumer cette charge. Ainsi s'explique la parcimonie des
subventions qui, pendant longtemps, furent attribuées
aux écoles. Il faut arriver aux premières années du
xviᵉ siècle pour que les maîtres soient régulièrement sa-
lariés et logés. Lorsqu'on voulut acheter une maison pour
y installer l'école, il fallut avoir recours à la taille. Alors
que dans d'autres villes du Dauphiné, le collège avait

---

[1] Arch. de Grenoble, BB. 13. *Inventaire*, t. I, p. 38.

des revenus dus à la générosité des habitants, la Grande École de Grenoble n'avait encore aucune dotation.

En 1566, le Conseil de ville, se souvenant des prescriptions des conciles, qui ordonnaient aux chapitres, assez riches pour pouvoir le faire, de consacrer le produit d'une prébende à l'instruction de la jeunesse, demanda au chapitre de l'église cathédrale d'affecter à l'entretien des écoles communales le montant de cette prébende magistrale. Le chapitre refusa. L'affaire vint devant le Parlement, qui donna raison aux consuls et condamna les chapitres Notre-Dame et Saint-André à fournir chacun une prébende à la caisse des écoles. Nos chanoines firent la sourde oreille[1] ; mais l'attention du public avait été appelée sur la nécessité de doter les écoles. En effet, ces contestations avaient duré jusqu'en 1571. Or, en 1572, un bourgeois nommé Ennemond Roybond-Noyerat inscrivait, le premier, dans son testament une libéralité, dont nous ignorons le chiffre, en faveur des écoles[2].

Deux ans plus tard, l'évêque de Grenoble, François de Saint-Marcel d'Avançon, léguait une rente de cent livres à chacun des chapitres Notre-Dame et Saint-André « pour entretenir pour ung chascung desdictz chappitres ung maistre d'eschole, qui lize séparément ung chascung d'eulx aux enfans habitués desdictes églises la grand-maire grecque et latine et autres livres dignes de la portée et capacité desdictz enfans ; et à la charge que ledict maistre, qui sera choisy par lesdicts chappitres, pour lire auxdictz enfans, ne sera aucunement de l'ordre

---

[1] Arch. de Grenoble, BB. 20, 23 et 24. *Inventaire*, t. I, pp. 62, 66 et 67.
[2] *Ibid.*, CC. 676. *Inventaire*, t. II, p. 124.

des Jésuystes, ce qu'il deffand très expressément pour la première, seconde et troysiesme fois, ny aussi sera prins aucun régent conduict par Messieurs de la ville, ne lisant publiquement aux escholliers de ceste ville, ains seront expressément destinés lesdictes cent livres, pour lire deux fois le jour, à ceulx qui liront auxditz enfans de Nostre-Dame et de Saint-André, ascavoir une fois de matin et une fois l'aprèsdiné... de quoy ledict testateur charge la conscience desdicts sieurs du chapitre de l'une et de l'autre esglise, les priant eulx souvenir du malheur que l'aveugle ignorance apporte en l'Esglise et qu'ils rendront compte devant Dieu du temps qu'ils feront perdre auxditz pauvres enfans. Et quand lesdits sieurs dudict chappitre en voudroient faire leur profit particulier ou de leur esglise aultrement que ainsi que dessus, soit pour entretenir maistres ou compagnons de musique, ou qu'ils voulussent appliquer lesdictz revenus au payement de leur prébende magistralle ou théologalle, ou qu'ils consentissent iceluy estre baillé à Messieurs de la ville pour ayder à payer leurs régens, ou qu'ils emplouyssent quelque Hiésuyste pour leur lecteur, ce qu'il défend très expressément encores un coup... au cas susdict... a ledit sieur testateur cassé et révoqué lesdits légats, etc... [1] ».

A raison de ces clauses nettement prohibitives, la libéralité de l'évêque de Saint-Marcel d'Avançon n'alla pas tout d'abord à l'école communale. Suivant les intentions du testateur, les chapitres Notre-Dame et Saint-André ouvrirent chacun, dans leur clottre, une école à laquelle vinrent immédiatement s'inscrire non seulement les

---

[1] Arch. de l'Isère, série G., fonds du chapitre Notre-Dame, n° 62.

jeunes clergeons de ces églises, mais encore des écoliers laïques, transfuges de la Grande École.

Ce que François de Saint-Marcel avait fait pour les écoles ecclésiastiques, le premier président Jean Truchon, le fit peu après pour l'école communale. Par son testament, daté de décembre 1578, il légua à la ville de Grenoble un capital de quatre cents écus d'or « pour estre employez en l'acquisition d'une rente ou pension, qui sera pour l'entretènement du principal maistre d'escolle, qui lira en grandmère et rhétorique dans la ville de Grenoble ». Cette somme, immédiatement versée par Adrien de Bazemont, abbé d'Aiguebelle, et Macé de Bazemont, second président en la Chambre des comptes, neveux et héritiers du testateur, fut placé entre les mains de Guigue Collisieux, huissier des États, lequel promit d'en payer une rente annuelle de vingt-six écus deux tiers [1].

Lorsqu'il fut question, pour la première fois, vers 1596, de remplacer la Grande École par un collège, les ressources disponibles pour cette fondation étaient :

1° Une rente de quatre-vingt trois écus vingt sous due par le Pays pour les intérêts d'une somme de mille écus que la ville de Valence avait versée, sous forme d'indemnité à la ville de Grenoble, lorsqu'elle lui avait ravi son Université ;

2° La rente de vingt-six écus quarante sous provenant du legs Truchon ;

3° Les deux rentes de vingt-six écus quarante sous chacune provenant des legs Saint-Marcel d'Avançon, que les chapitres Notre-Dame et Saint-André avaient abandonnées à la ville pour l'acquit de leurs prébendes magistrales, contrairement aux dispositions testamentaires de l'évêque.

[1] Arch. de Grenoble, BB. 30 et DD. 14.

La dotation de la Grande École s'élevait donc à cette époque à deux mille deux cents écus produisant un revenu annuel de cent soixante trois écus vingt sous [1].

X.

Est-ce la possession de ce petit patrimoine ou l'exemple des villes voisines qui décida les consuls de Grenoble à modifier leur régime scolaire en confiant à un ordre monastique la direction de leurs écoles? Peut-être l'une et l'autre cause et aussi très certainement le désir bien légitime d'alléger les charges de la ville en s'associant une communauté richement dotée, laquelle n'exigerait qu'une faible subvention et enfin la préoccupation non moins louable d'élever le niveau des études, en assurant la stabilité des maîtres et des méthodes d'enseignement. Toujours est-il que, dès 1596, le Conseil de ville avait décidé en principe la création d'un collège composé de trois classes et avait nommé une commission chargée de se procurer un local convenable [2].

En Dauphiné, autant et peut-être plus que partout ailleurs, les commissions agissent avec une prudente lenteur. La nôtre mit quatre ans pour ne rien trouver. La question semblait enterrée, lorsque, le 13 janvier 1600 [3], le premier consul annonça très mystérieusement au Conseil de ville « qu'il y avoit certains dignes personnages très doctes et gens de bien, qui avoient environ six cens escus à dépenser et qui offraient de venir les dépenser à Grenoble, d'y habiter et instruire la jeunesse à

[1] Arch. de Grenoble, BB. 63. *Inventaire*, t. I, p. 108.
[2] Ibid., BB. 51. *Inventaire*, t. I, p. 98. Délib. du 12 janvier
[3] Ibid., BB. 59. *Inventaire*, t. I, p. 100.

condition qu'on leur fournit un local convenable pour y établir un collège ». Quels étaient ces dignes personnages qui se faisaient présenter si discrètement ? Très certainement les Jésuites, qui dirigeaient déjà plusieurs collèges dans la région et qui, n'ayant pas encore de maison à Grenoble, n'auraient pas été fâchés de se faire offrir, sous ce prétexte, un immeuble pour s'y installer. Malheureusement pour eux, cette combinaison ne résolvait pas la question des bâtiments scolaires qu'il fallait acheter et la ville n'avait pas d'argent. Aussi, sans repousser en principe l'offre des Jésuites, on se souvint à propos de la clause testamentaire de l'évêque Saint-Marcel d'Avançon, qui avait formellement exclu la Compagnie de Jésus de la direction des écoles fondées à l'aide de ses libéralités.

L'affaire sommeilla donc encore pendant six ans et lorsque, le 20 janvier 1606, le premier consul le rappela à l'attention du Conseil, en insistant sur ce que les écoles de Grenoble étaient tombées dans un tel discrédit que les parents préféraient envoyer leurs enfants aux collèges de Tournon et de Vienne, le Conseil ne put que renvoyer la réforme projetée à une époque plus heureuse, où la ville aurait les ressources suffisantes pour la réaliser[1].

C'est alors que les Dominicains intervinrent. Ils disposaient dans leur couvent, situé au cœur de la ville, de vastes locaux ; d'autre part, ils avaient un personnel de régents tout préparé. Ils offrirent de se charger de la direction et de l'installation du collège et de fournir des régents pour trois classes, moyennant une subvention

[1] Arch. de Grenoble, BB. 71. *Inventaire*, t. I, p. 108.

annuelle de douze cent cinquante livres. Ces propositions furent acceptées le 6 août 1606 et les cours commencèrent le 18 octobre de la même année[1].

Ainsi finit la Grande École de Grenoble. Le collège des Dominicains, qui prend sa place, n'aura pas une longue existence. Guetté dès sa naissance par les Jésuites, il devra, moins d'un demi-siècle plus tard, s'effacer devant la toute-puissante compagnie, qui, de 1651 à 1763, présidera avec grand succès, il est impossible de le méconnaître, à la direction des études secondaires à Grenoble.

Cette prospérité cessera avec l'expulsion des Jésuites, que remplaceront, pendant vingt ans, des prêtres séculiers. Sous ce nouveau régime, les mêmes causes, qui avaient, au xvi° siècle, amené la décadence de la Grande École, conduiront rapidement le collège à l'état déplorable que signalait M. de Fombelle, premier consul de Grenoble, dans un rapport présenté en 1781 au Conseil de ville.

« A l'époque de la destruction des Jésuites, disait-il, il fallut les remplacer dans leurs fonctions importantes. Le régime de cet ordre avait dégoûté des réguliers. On craignait avec raison de livrer encore une fois la jeunesse à la séduction de ses maîtres. D'ailleurs l'idée, qui existait alors, que les Jésuites seuls possédaient l'art de l'éducation, détermina la ville à prendre des séculiers pour tenir le collège. Ce choix, que la nécessité semblait dicter, se fit avec précipitation. On craignait de manquer de sujets. On prit tous ceux qui voulurent bien s'offrir. Ils

[1] Arch. de Grenoble, Délib. du 5 avril. CC. 732. *Inventaire*, t. II, p. 152.

imposèrent même plus de conditions qu'ils n'en reçurent.
Ils se réservèrent entre autres la liberté de se retirer à
volonté. Le bureau d'administration sentit combien cette
condition était onéreuse, mais, n'étant pas assez riche
pour faire un sort honnête aux professeurs, il se crut
assez heureux de les avoir à ce prix. Il est résulté de cette
formation le triste inconvénient d'un changement perpé-
tuel de maîtres. On a regardé les places du collège
comme une ressource momentanée et non point comme
un état. On les acceptait en attendant mieux. Il s'en est
suivi qu'on a eu des hommes plus occupés de leur fortune que de leur profession et que les écoliers, passant
rapidement d'un instituteur à un autre, ont éprouvé les
dégoûts inséparablement attachés à cette variation... Le
collège de Grenoble, il est inutile d'hésiter sur le mot,
est tombé dans un état déplorable[1]. »

Il essayera de se relever sous la direction des Joséphistes, appelés en 1786. Trop tard, car la Révolution va
fermer ses portes et lorsqu'elle les rouvrira, après quelques années d'abandon, ce sera pour y installer une école
centrale.

---

[1] Arch. de Grenoble, BB. 127. *Inventaire*, t. I, p. 199. Cf. mon
Histoire de Grenoble, p. 537.

LES DIRECTEURS DES ECOLES
DE GRENOBLE

De 1413 à 1606

1413. Philippe de Remoto.

1447. Jean Vennet.

1488-1497. Jean Gautier.

1497. Pierre Fleur.

1503. Jean Bérard.

1515. Jean Amar et Jean Mathon.

1517-1518. Milon.

1518. Raoul d'Orlans et Jean Thierry.

1521. Claude Blancherose.

1521. Jean Mathon.

1523. Pancrace Pascal.

1523. François Bellieu.

1525. Jacques de Citreria, de Saint-Julien-en-Oisans.

1528. Antoine Montlevin.

1528-1536. Guillaume Droyn.

1536. Hubert Sussanneau et Guillaume Droyn.

1536. Guillaume Reymond

1537. Guillaume Droyn et Guigue Didier.

1537-1540. Adam Prunet.

1540-1542. Sussanneau.

1542. Jean Daupres, d'Amiens.

1543. Amieu ou Antoine Besson.

1543-1544. Reymond Acqueins, de Beaufort en Diois.

1544-1545. Esprit Martin.

1548-1552. Bernard Duchesne.

1552-1555. Jean Lemoyne, dit Marmousin.

1556. Prost.

1556-1558. Pontius.

1558. Pierre Bergeron, d'Étoile en Valentinois.

1559. Pierre Martin.

1561-1562. Claude Parent.

1563. Jean Roux.

1564. Antoine Ranc.

1569. Pierre de Gervais.

1572. Pierre Misson.

1574. Jean de Govéa.

1575-1586. Pierre des Govets dit Haraucourt.

1587. Pierre de Gervais.

1588-1606. Jean Serret.

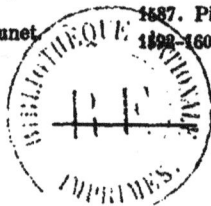

www.ingramcontent.com/pod-product-compliance
Lightning Source LLC
Chambersburg PA
CBHW071007280326
41934CB00009B/2207